La época vikinga para niños

Una guía fascinante sobre los vikingos, sus incursiones y su vida cotidiana

Índice de contenidos

INTRODUCCIÓN

¿Alguna vez se ha preguntado cuánto de lo que sabe sobre los vikingos es real y cuánto es fantasía? ¿Eran realmente tan temibles y aterradores como nos quieren hacer creer los libros de historia y la televisión? ¿Cómo era la vida ordinaria de un vikingo? ¿Por qué comenzó la Era Vikinga? ¿Por qué desaparecieron los vikingos? Todas estas preguntas y muchas más encontrarán su respuesta en este libro.

Descubra quiénes eran los vikingos, desde su historia hasta sus personajes más destacados y cómo era su vida cotidiana. También aprenderá más sobre sus creencias. Sumérjase y explore la Era Vikinga y el legado que dejó este famoso pueblo guerrero.

¡No olvide realizar las divertidas actividades que encontrará al final de cada capítulo para disfrutar al máximo de la experiencia de esta cautivadora historia!

Los vikingos eran un grupo de personas que vivían en el norte de Europa en la época medieval. En sus inicios, se encontraban en *Escandinavia* (Suecia, Noruega y Dinamarca). La Era Vikinga tuvo lugar entre los años 793 y 1066 de nuestra era.

Los vikingos eran guerreros feroces. Realizaban expediciones de asalto a otros países cercanos en barcos de gran eslora. Los vikingos eran casi como piratas. Disfrutaban surcando los mares. También saqueaban y quemaban pueblos. A menudo mataban a gente durante sus incursiones. Aunque se hace referencia a los vikingos como un solo grupo, en realidad estaban formados por varias tribus y clanes.

Una imagen que muestra a guerreros vikingos en un barco de incursión

A los vikingos también se les llamaba *nórdicos* porque procedían del norte. En realidad, la palabra "vikingo" significa "asalto" o "piratería" en nórdico antiguo (la lengua que hablaban). Los vikingos no se llamaban así a sí mismos. Al fin y al cabo, ¡la palabra "vikingo" se utilizaba para describir lo que hacían! En lugar de eso, decían "ir de vikingos".

No todos los nórdicos eran vikingos. Pero la mayoría de los europeos sólo tuvieron contacto con los vikingos a través de sus incursiones. Por eso, vikingos y nórdicos se usan indistintamente.

DATO CURIOSO "Vik" en nórdico antiguo significa "puerto".

La era vikinga comenzó en el año 793 de la era cristiana, cuando los vikingos asaltaron por primera vez Inglaterra y la *isla sagrada de Lindisfarne* (*lin-duh-sfaan*). Los vikingos no tardaron en ganarse una mala reputación entre los ingleses. Era difícil no verlos con malos ojos. Asaltaban monasterios indefensos donde vivían monjes. Los monjes eran hombres religiosos de la Iglesia católica que vivían una vida de *soledad* (aislamiento) y devoción a Dios. Fueron muy respetados durante la Edad Media.

Los monasterios no tenían armas ni defensas contra los ataques. Los vikingos veían en los monasterios un blanco fácil. Se apoderaban de su oro e incluso capturaban monjes para venderlos como esclavos. Los vikingos fueron calificados de bárbaros por sus crueles incursiones y su falta de respeto por el cristianismo.

Los vikingos también formaron asentamientos en otros países. En el siglo IX empezaron a asentarse en Gran Bretaña, Islandia y Alemania. También se hicieron con el control de las islas septentrionales de Escocia y fundaron varias ciudades comerciales en Irlanda. Los vikingos se hicieron con el control del norte de Inglaterra en 851 d. C., hasta que fueron expulsados definitivamente en 952 d. C.

En 865 d. C., el *Gran Ejército pagano* llegó a Inglaterra. El ejército estaba dirigido por los hijos de *Ragnar Lothbrok (rang-nah loth-brewk)*. Fue un legendario rey vikingo que dirigió muchas incursiones. El hijo de Lothbrok, *Iván el Deshuesado*, dirigió un ejército de cuatro mil hombres para atacar Inglaterra. Las incursiones duraron catorce años. Finalmente, los *anglosajones* (los habitantes de Inglaterra) pagaron un rescate en oro y plata para que se detuvieran.

DATO CURIOSO se dice que Ragnar Lothbrok murió al ser arrojado a un pozo de serpientes.

Otra famosa incursión vikinga fue la toma de York (Inglaterra). Ocurrió el 1 de noviembre del año 866 de la era cristiana. Es posible que los vikingos eligieran esta fecha porque era el Día de Todos los Santos. Los habitantes de York estaban ocupados asistiendo a la iglesia y celebrando la festividad. Los vikingos pudieron cogerlos por sorpresa.

En 866 d. C., los vikingos daneses habían colonizado gran parte del norte y el este de Inglaterra. En estas zonas se estableció la Danelaw (ley danesa). El rey de *Wessex* (un antiguo reino de Inglaterra) aceptó la Danelaw para mantener la paz.

Inglaterra no fue el único país invadido por los vikingos. En 845 d. C., los vikingos *sitiaron* (rodearon) París, Francia. Atacaron más de cien barcos. Los vikingos derrotaron fácilmente al ejército francés. Sin embargo, se marcharon después de que el rey les diera oro y plata.

En el siglo X, los vikingos se expandieron por el noreste de Europa y Rusia. También volvieron a Francia. Esta vez se establecieron en Normandía. Normandía desempeñaría un papel importante en la política francesa.

DATO CURIOSO Normandía significa "hombres del norte" en nórdico antiguo.

Un mapa de las incursiones y asentamientos vikingos

A principios del siglo XI, los vikingos habían alcanzado su apogeo. Un vikingo llegó incluso hasta Norteamérica. Formó un asentamiento en lo que hoy es Canadá. ¡Esto ocurrió casi quinientos años antes de que Cristóbal Colón "descubriera" América!

Leif Erikson (leef-eh-ruhk-sn) descubrió América del Norte. Era de Groenlandia. En el año 1000 partió en busca de una tierra que había sido avistada por otro vikingo cuyo barco se desvió de su ruta hacia Groenlandia. Leif regresó a casa con valiosa madera de Canadá. Nunca regresó a América, pero otros vikingos siguieron sus pasos. Sin embargo, los vikingos no permanecieron mucho tiempo en Canadá. Los nativos les obligaron a marcharse.

DATO CURIOSO El padre de Leif Erikson, Erik Thorvaldsson (thor-val-son) (apodado Erik el Rojo por su pelo rojo), fundó el primer asentamiento vikingo en Groenlandia. Lo descubrió después de haber sido expulsado de Noruega e Islandia por matar gente.

Un cuadro llamado Leif Erikson descubre América
https://commons.wikimedia.org/w/index.php?curid=91487736

DATO CURIOSO En 1013, Inglaterra estaba gobernada por un rey vikingo llamado Sweyn (sven) Forkbeard. Su reinado sólo duró cinco semanas antes de morir.

En general, se considera que el final de la Era Vikinga tuvo lugar en el año 1066 de la era cristiana. El último gran rey vikingo, el *rey Harald Hardrada* de Noruega, fue uno de los tres hombres que se creían herederos legítimos del trono de Inglaterra. Dirigió a su ejército en una batalla contra los anglosajones. Aunque tenía a los temibles vikingos de su lado, fue derrotado. El *duque Guillermo de Normandía*, comúnmente conocido como *Guillermo el Conquistador*, se convirtió en el rey de Inglaterra tras ganar la batalla de Hastings ese mismo año.

¡Descubriremos un poco más sobre lo que les ocurrió a los vikingos en el capítulo 9!

Los vikingos no podrían haber asaltado y colonizado tantos países sin sus barcos. Los barcos vikingos, conocidos como palangreros (o barcos largos), tenían más longitud que la mayoría de las embarcaciones. Medían entre cuarenta y cinco y setenta y cinco pies de eslora. Estaban hechos de madera (normalmente roble). Gracias a ellos, los vikingos podían recorrer distancias más largas y navegar con mar gruesa.

En el interior de los palangreros había bancos y *remos* (largos palos de madera con puntas planas utilizados para impulsar las embarcaciones). Se necesitaban entre cuarenta y sesenta *remeros*. Los palangreros solían llevar escudos en los costados. Los palangreros tenían un solo *mástil* (el poste alto al que se sujetaba la vela) y una *vela* cuadrada (una pieza de material sujeta al mástil que recogía el viento y hacía avanzar la embarcación).

Los palangreros también tenían *quilla*. Una quilla es la base principal del barco. Discurre a lo largo del centro del barco. El *casco* (el cuerpo principal del barco) está unido a la quilla. Los palangreros tenían extremos puntiagudos, lo que permitía al barco avanzar o retroceder sin necesidad de dar la vuelta. Quizá la característica más emblemática de los palangreros vikingos era su *proa* curva (la parte del barco que sobresale del agua).

DATO CURIOSO Los palangreros se construían con el método "clinker". Se superponían tablones de madera y se clavaban. A continuación, el barco se hacía hermético rellenando los huecos de los tablones con pelo de animal alquitranado.

Viking Longship

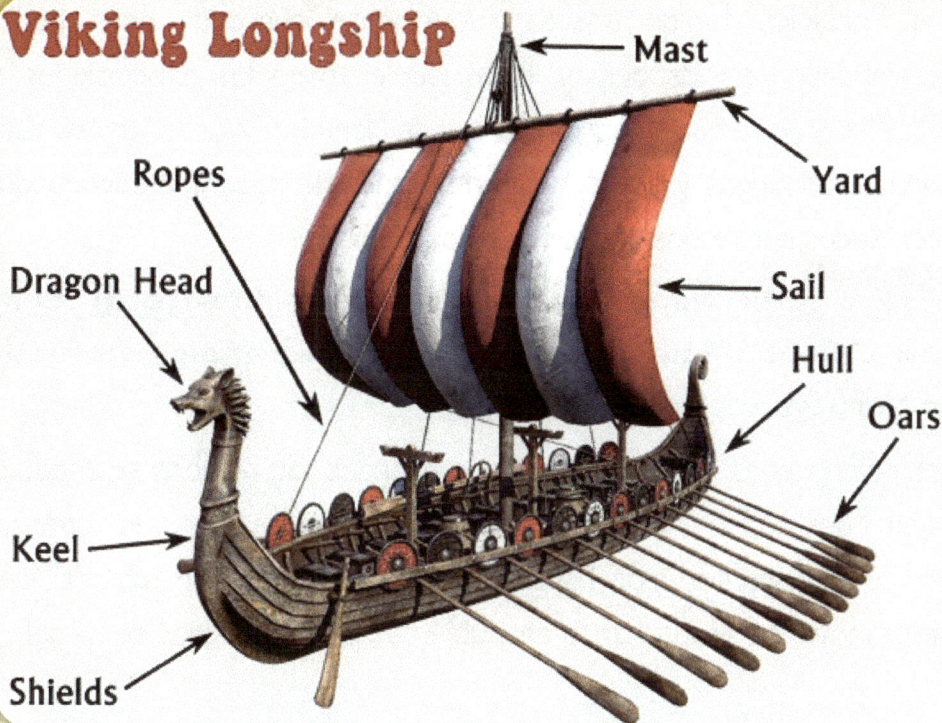

Mast

Yard

Ropes

Sail

Dragon Head

Hull

Oars

Keel

Shields

Había cuatro estilos principales de palangreros. Estaban el *karvi (kar-vay), el snekkja (snekke), el skeid (side) y el drakkar (dreki)*. Los karvi eran los más pequeños. Tenían entre seis y dieciséis bancos de remos. Aunque se utilizaban en la guerra, servían sobre todo para el comercio, el transporte y la pesca. Debido a su menor tamaño, eran más adecuados para manejarse en aguas poco profundas.

Quizá ya haya adivinado lo que significa snekkja. Snekkja significa "serpiente". Los barcos recibieron este apodo por su estilo largo y elegante. Los barcos snekkja eran perfectos para las batallas y las incursiones. Eran excelentes en mares abiertos y agitados. Por término medio, medían unos quince metros de eslora. Podían transportar a unos cuarenta remeros.

Los Snekkjas tenían cascos suavemente curvados para poder desembarcar en las playas. Eran ideales para las expediciones al Atlántico y para recorrer los *fiordos* de Noruega y Groenlandia. (Los *fiordos* son largas y estrechas extensiones de agua con escarpados acantilados a los lados creados por los glaciares).

DATO CURIOSO El fiordo Sognefjord (song-nuh-fyord) tiene casi 160 km de largo. Es el fiordo más grande y profundo de Noruega.

Los palangreros Skeid eran los más grandes. Su nombre se traduce como "deslizador". Se utilizaban principalmente para la guerra. Podían transportar más hombres gracias a su mayor tamaño. Uno de los mayores skeids jamás descubiertos ¡medía 121 pies de largo!

Réplica de un palangrero vikingo, Hugin, en Ramsgate, Kent, Inglaterra

De lo que menos sabemos es del drakkar, que significa "dragón". Las proas a menudo tenían tallas de dragones. Por eso, los barcos se apodaban "barcos dragón". También tenían otras tallas, como serpientes.

Se decía que las tallas tenían dos propósitos. Alejaban a los espíritus malignos del mar y a los monstruos. También intimidaban a los pueblos que los vikingos iban a asaltar, ya que parecían monstruos gigantes emergiendo del mar.

Sabemos que los vikingos utilizaban sus barcos para hacer incursiones. Pero, ¿por qué los vikingos realizaban dichas incursiones? La razón principal era el oro y los esclavos. Los vikingos llevaban su botín a casa para venderlo. Más tarde, los vikingos decidieron asentarse en las tierras que asaltaban en lugar de simplemente llevarse las cosas a su hogar.

Los vikingos confiaban en el factor sorpresa. A menudo llegaban de madrugada, cuando mucha gente aún dormía. Arrollaban a los pueblos dormidos, robaban rápidamente todos sus objetos de valor y secuestraban esclavos antes de volver a sus barcos y marcharse.

Los palangreros eran una parte importante de cómo los vikingos eran capaces de tomar a la gente por sorpresa. Podían acercar sus barcos a la costa para llegar y marcharse lo antes posible.

Dibuje su propio barco vikingo. ¡Asegúrese de incluir los elementos importantes, como el mástil, la vela, el casco, la quilla, los escudos, los remos y las proas!

Capítulo 3: Comercio y tributos

Los vikingos no sólo asaltaban y saqueaban los países que visitaban. También comerciaban con ellos. Pero, ¿por qué robaban en unos y comerciaban con otros? Bueno, es bastante simple. Los vikingos asaltaban lugares que estaban mal defendidos. Podían derrotarlos fácilmente y tomar sus bienes. Pero, cuando se encontraban con ciudades mejor defendidas, optaban por comerciar con ellas.

Los vikingos de Noruega y Dinamarca solían viajar hacia el oeste, a Francia, Gran Bretaña y Escocia. Los vikingos suecos se dirigieron al este, hacia Rusia, e incluso tan al sur como a *Constantinopla* (la actual Estambul, Turquía). Algunos mercaderes vikingos viajaron incluso más al este, a Irak, y algunos llegaron hasta el oeste de América.

En el oeste, comerciaban con pieles de animales, colmillos de morsa, ámbar y hierro. Los colonos también creaban artesanías como platos, cerámica, artículos de cuero, telas y joyas. Los herreros fabricaban armas y armaduras. Comerciaban con estos productos y con los esclavos capturados en las incursiones. En el este, los vikingos comerciaban con esclavos y otros bienes a cambio de especias, sedas, fruta y vino.

Cuando viajaban, los vikingos intentaban mantenerse lo más cerca posible de la costa. Así podían ver puntos de referencia que les servían de guía. Si esto no era posible, utilizaban el sol para orientarse. Los vikingos inventaron un tipo de reloj solar que les ayudaba a orientarse utilizando las sombras del sol.

Por la noche, miraban las estrellas para trazar su rumbo. Los marineros vikingos tenían tanta experiencia que podían saber cuándo había tierra cerca basándose en el color del agua u observando a los pájaros.

Al principio, los vikingos hacían trueques con otras ciudades. Más tarde, pagaron por bienes. Su nueva riqueza procedía de las incursiones, el comercio y los *tributos* (bienes que los países pagaban a los vikingos a cambio de paz).

DATO CURIOSO Los vikingos llevaban una balanza plegable para medir el peso de las monedas. Querían asegurarse de que les pagaban correctamente y obtenían el mejor trato.

Pesos de monedas vikingas

Algunos países, como Inglaterra y Francia, introdujeron impuestos conocidos como *Danegeld*. El Danegeld podía utilizarse como forma de pagar a los vikingos para evitar un ataque. También podía utilizarse como *estipendio*. A veces, otros países pagaban a los vikingos a cambio de sus servicios como guerreros.

Los tributos no eran populares entre la población, ya que la empobrecían aún más. Les molestaba dar a los invasores bárbaros más dinero del que ya les habían quitado. Los tributos tampoco funcionaban muy bien. Con el tiempo, los vikingos volvían y exigían más.

Debido a su temible reputación como guerreros, los vikingos eran contratados a menudo para luchar por diferentes países. Por ejemplo, fueron contratados para luchar en la Guardia Varangia (vr-an-jee-uhn), una unidad de élite del ejército bizantino. La capital del Imperio bizantino era Constantinopla. La Guardia Varangia servía de guardaespaldas a los emperadores bizantinos. Los vikingos eran guardias ideales.

Llamamiento de la Guardia Varangiana, de A. Krivshenko (1889)
https://commons.wikimedia.org/w/index.php?curid=55667540

A veces, los vikingos tenían que ofrecer algo más que sus bienes o habilidades si querían algo más que dinero. Podemos encontrar un ejemplo de ello en la historia de *Rollo de Normandía*. Rollo fue un jefe vikingo que se convirtió en el fundador de Normandía. Pero para poder conseguirlo, primero tuvo que hacer un trato con el rey de Francia, *Carlos el Simple*. A cambio de las tierras, Rollo aceptó convertirse al cristianismo. También prometió proteger la región de cualquier nuevo invasor vikingo. Prometió restaurar el orden y casarse con la hija de Carlos, *Gisla*.

¡Otra parte del trato de Rollo con el rey fue que tenía que cambiar su nombre por el de Roberto!

Más tarde, los escritores cristianos describirían a Rollo de forma muy favorable. Lo veían como un vikingo salvaje que vio el error de sus caminos y abrazó a Dios. Fuera o no así, Rollo cumplió su promesa. También introdujo leyes vikingas basadas en el honor. Los vikingos creían en la responsabilidad por los propios actos.

Rollo fue el tatarabuelo de Guillermo el Conquistador, ¡el primer rey normando de Inglaterra!

Una estatua de Rollo representado entre los seis duques de Normandía en la plaza de la ciudad de Falaise

Actividad capítulo 3

Imagine que es un vikingo o un mercader en una tierra lejana. Dibuje un cartel en el que anuncie sus productos a los vikingos o mercaderes con los que quiera comerciar. ¿Qué tipo de artículos vendería que pudieran ser atractivos para un vikingo? ¿O qué tipo de bienes o servicios podría ofrecer como vikingo? Hágalo tan colorido y creativo como quiera. ¡Incluya muchos dibujos y descripciones!

Capítulo 4: Vida cotidiana y sociedad vikingas

Aunque a menudo pensamos en los vikingos como feroces guerreros y exploradores, no era así. La mayoría de los vikingos eran agricultores. Cultivaban productos como avena, cebada y centeno. También se ocupaban del ganado. En sus granjas había ovejas, cabras, cerdos, vacas, caballos y gallinas. Todos ayudaban en la granja, pero hombres y mujeres tenían responsabilidades diferentes.

Las tareas de las mujeres se centraban en el hogar. Confeccionaban la ropa y llevaban la casa. Preparaban y cocinaban la comida. También se encargaban de ordeñar las vacas y las cabras. Con la leche elaboraban otros productos lácteos como nata, queso y mantequilla.

DATO CURIOSO La mantequilla existe desde el año 8000 antes de Cristo. En el año 600, la mantequera se popularizó en Europa.

Dibujo de una mantequera

Los hombres vikingos sólo hacían incursiones si no estaban cultivando. Se encargaban de las labores más intensivas de la granja. Araban, plantaban semillas y cosechaban los cultivos. Dejaban las tareas más desagradables y difíciles a sus esclavos. Estas incluían construir, tirar del arado y esparcir el estiércol. ¡Puaj!

Muchos vikingos eran pescadores o comerciantes, porque muchas ciudades vikingas estaban en la costa. La sal era un recurso valioso con el que comerciaban los mercaderes. La sal servía para conservar el pescado y la carne durante el invierno, cuando escaseaban los alimentos.

DATO CURIOSO ¡Los pescadores vikingos llegaron a cazar ballenas!

También había otros trabajos disponibles. Los artesanos fabricaban zapatos, cinturones y objetos de plata. Los alfareros fabricaban vasijas de barro para cocinar y almacenar alimentos y bebidas. Los herreros fabricaban herraduras, armas y armaduras. También forjaban herramientas de metal para la agricultura, la cocina y la caza. Incluso había joyeros. Hacían broches, anillos y collares.

¡Uno de los trabajos más importantes para un vikingo era la construcción de palangreros! Un maestro naval llamado *hofudsmidir (ho-fuhds-midr)* dirigía a los constructores de barcos o *filungar (fi-lunh-ga)*. El hofudsmidir se encargaba de pagar a los trabajadores y de conseguir los materiales necesarios para construir el palangrero.

En lo más alto de la sociedad vikinga estaban los jefes. Ellos gobernaban la tribu. Por debajo de ellos estaban los *jarls*. Los jarls eran ricos comerciantes y terratenientes. El grupo más grande eran los *karls*. Los karls eran artesanos y granjeros. En la base de la jerarquía estaban los *esclavos*. Eran esclavos capturados durante las incursiones. Tenían que hacer los peores trabajos. Si intentaban escapar, podían ser castigados o asesinados. Los esclavos podían comprar su libertad si ganaban suficiente dinero.

La vestimenta vikinga era sencilla y práctica. La ropa estaba hecha de lana y lino. El calzado era de cuero. En invierno se vestía con pieles de animales. Los hombres vestían pantalones holgados y túnicas. Las mujeres vestían delantales sueltos conocidos como *hangerock* o *smokkr*. Los vikingos llevaban joyas y broches decorativos que sujetaban las capas.

Trajes vikingos reconstruidos expuestos en el Museo de Arqueología de Stavanger (Noruega). La mujer lleva un vestido interior blanco, un "smokkr" rojo y broches

Las casas vikingas se construían con madera y techos de paja o juncos. Sus casas eran largas y rectangulares. Normalmente sólo tenían una habitación grande. No había ventanas ni chimeneas. Sólo había una abertura para el humo del fuego. Esto hacía que las casas fueran muy oscuras y humeantes.

No había muchos muebles dentro de la casa. Los bancos de madera hacían las veces de asientos y camas. Sólo las familias ricas tenían mesas. Se tapizaba el suelo, los bancos e incluso las paredes con pieles de animales para hacer las casas más cálidas y acogedoras. No había baño dentro de la casa. En su lugar, los vikingos utilizaban un *pozo negro* (un agujero excavado en el suelo) en el exterior.

Si la familia no era lo suficientemente rica como para construir un granero, ¡los animales dormían dentro de la casa por la noche! Aunque olía muy mal, ¡proporcionaba un calor extra muy necesario en los meses de invierno!

Reconstrucción de casas vikingas

Aunque pueda parecer que las casas vikingas eran sucias y malolientes, en realidad los vikingos estaban obsesionados con la limpieza. Barrían y limpiaban la casa con regularidad. Se bañaban al menos una vez a la semana. ¡Eso era mucho en aquella época! Los vikingos también se cepillaban el pelo a menudo. Los vikingos iban siempre limpios y bien peinados porque creían que, al morir, se presentarían ante los dioses exactamente como habían muerto. ¡No querían estar sucios ni malolientes delante de los dioses!

DATO CURIOSO Los vikingos incluso planchaban su ropa con piedras calientes.

Los niños vikingos no iban a la escuela. Eran enseñados por sus padres. Los varones aprendían a cultivar y asaltar. Las niñas aprendían a cuidar del hogar. Los niños ayudaban desde pequeños. Preparaban la comida y encendían el fuego. Recogían leña, frutas y bayas. También ayudaban a cuidar de los animales.

No todo era trabajo para los niños vikingos. También jugaban. Jugaban con muñecas, barcos y espadas de madera.

La vida era muy difícil durante la Era Vikinga. La esperanza de vida media era de entre cuarenta y cuarenta y cinco años. No era raro que una mala cosecha causara hambruna. Las enfermedades se propagaban con facilidad. Se calcula que entre el treinta y el cuarenta por ciento de los niños vikingos no llegaban a la edad adulta. Si una familia era muy pobre y no podía permitirse alimentar a otro niño, podía dejar al bebé a la intemperie para que muriera. Esto también ocurría cuando el bebé nacía con problemas y pocas probabilidades de sobrevivir. Esta práctica se prohibió cuando los vikingos adoptaron el cristianismo.

Aunque la vida era dura para los vikingos, aún encontraban tiempo para divertirse. Les gustaba jugar a juegos para poner a prueba la fuerza y la agilidad de los demás. Se reunían para celebraciones y eventos, donde disfrutaban de la música y el deporte. Otra actividad vikinga muy popular era sentarse alrededor del fuego por la noche y contar historias. Estas historias solían tratar sobre los dioses nórdicos.

Sellos de las Islas Feroe que representan la vida cotidiana en la era vikinga
https://commons.wikimedia.org/w/index.php?curid=378398

¡Elija una (o las dos) de las divertidas y creativas actividades que le proponemos a continuación!

A. ¡Construya su propia casa vikinga!

Le recomendamos que utilice una caja de cartón para el edificio y cuerda, cordel o algo similar para hacer el tejado de paja. Después, ¡diseñe el interior! Haga o dibuje animales, una chimenea, bancos de madera, pieles o incluso una familia vikinga y juegos. No hay límite para lo que puede hacer, ¡así que dele rienda suelta a su creatividad!

B. ¡Haga mantequilla casera!

¡Intente hacer su propia mantequilla casera! (El método artesanal en tarro es un poco más complicado, pero ¡es divertido y le permite comprender mejor lo difícil y laborioso que era para las mujeres vikingas!).

Todo lo que necesita son los siguientes ingredientes/artículos:

- 1 taza de nata para montar.
- Un bol grande de agua helada.
- Sal al gusto (opcional).
- Batidora, licuadora o tarro de cristal con tapa hermética.
- Un colador o una malla para queso.

Método

Batidora/licuadora (asegúrese de que un adulto le ayude con este paso)

1. Verter la nata. Batir a velocidad baja. Aumentar gradualmente la velocidad a medida que la mezcla se espese.

2. Tras varios minutos, se formará nata montada. Seguir batiendo. Empezará a ponerse amarilla. Al cabo de unos minutos, la grasa empezará a separarse del líquido y se formarán grumos de mantequilla.

3. Cuele los grumos sólidos de grasa de mantequilla del suero de leche con un colador o una gasa. (¡Si quiere, puede guardar el suero de mantequilla para otra receta!).

4. Vierta agua fría sobre la mantequilla. Repita la operación con agua nueva dos veces más.

5. Dele a la mantequilla la forma que quiera. Ahora puede añadir la sal, las especias o las hierbas que quiera, ¡o puede disfrutarla tal cual!

En tarro

1. Vierta la nata en el tarro hasta la mitad. (Asegúrese de no llenar más de la mitad, ¡o no funcionará!). Enrosque bien la tapa para que no se escape nada.

2. Agitar enérgicamente el tarro durante unos 5 a 7 minutos. Al cabo de unos minutos, se formará nata montada. Siga agitando hasta que se forme un grumo en el interior. A continuación, agite durante otro minuto. Ahora debería ver que los sólidos grasos se han separado del líquido. Esto puede llevar más tiempo. ¡Depende de la fuerza con que se agite!

3. Cuele los grumos sólidos de grasa butírica del suero de mantequilla con un colador o una estopilla. (¡Si quiere, puede guardar el suero de leche para otra receta!).

4. Verter agua fría sobre la mantequilla. Repetir con agua nueva dos veces más.

5. Dele a la mantequilla la forma que más le guste. Ahora puede añadir la sal, las especias o las hierbas que quiera, ¡o puede disfrutarla tal cual!

Capítulo 5: Las sagas vikingas

Las *sagas (saa-guhs)* son leyendas y relatos históricos nórdicos. La mayoría de las sagas son reconocibles y tienen rasgos similares. Originalmente se transmitían oralmente. Como ya sabrá, a los vikingos les gustaba sentarse a contar historias. La mayoría de las sagas proceden de Islandia. Se escribieron entre los siglos XII y XV.

Todas las sagas están escritas en nórdico antiguo. La mayoría de los autores son *anónimos* (los escritores no incluyeron sus nombres). Las historias suelen narrarse de forma *cronológica* (en orden cronológico). También se centran en la vida cotidiana. A menudo resulta confuso saber qué es verdad y qué es ficción en las sagas. Igualmente, se mezclan las leyendas y los hechos históricos.

DATO CURIOSO Se cree que las sagas se representaban o leían en voz alta como entretenimiento.

Página de un manuscrito islandés

https://commons.wikimedia.org/w/index.php?curid=21714684

Las sagas nórdicas pueden dividirse en cinco géneros diferentes:

1. Sagas legendarias protagonizadas por dioses y monstruos míticos.

2. Sagas de reyes.

3. Sagas sobre caballeros.

4. Sagas familiares o historias sobre familias vikingas.

5. Sagas contemporáneas. Se centraban en personas que vivían en la época del autor de la saga. Suelen tratar sobre familias poderosas.

Las sagas representaban a personas normales y sus vidas. También describían aventuras épicas. Las sagas hablaban de las incursiones vikingas. Una saga narraba el descubrimiento de América por Erik el Rojo y su hijo Leif. Otras trataban de los dioses y sus hazañas.

Al igual que en la mitología griega, en las sagas nórdicas abundaban las criaturas míticas. Había gigantes (de tormenta, de roca y de hielo), serpientes marinas, monstruos de lava, dragones y mucho más. Conozcamos mejor algunas de las criaturas que podemos encontrar en una saga.

El Kraken

Es posible que ya haya oído hablar del *Kraken (kra-kin)*. ¡Sigue apareciendo en el cine, la televisión y los libros! El Kraken era el monstruo más temible de todos. Era un pulpo gigante que vivía en el mar. Arrastraba los barcos al fondo del océano. Cuando el Kraken se apoderaba de un barco, ¡la única posibilidad de sobrevivir era saltar por la borda y esperar ser rescatado!

El Kraken no era sólo un monstruo vikingo. ¡También aparecía en el folclore de otros países!

¡Se cree que la leyenda del Kraken podría deberse al avistamiento de un calamar gigante! ¡Los calamares gigantes pueden llegar a medir entre doce y quince metros!

Dibujo del Kraken atacando un barco
https://commons.wikimedia.org/w/index.php?curid=1404801

La Yegua

¡Este monstruo es una de las razones por las que llamamos pesadillas a los malos sueños! La yegua se sentaba sobre una persona por la noche y le provocaba pesadillas. Los vikingos pensaban que no les haría daño si no podían verla.

El Fossegrim

Este fantasma rondaba arroyos y riachuelos mientras tocaba el violín. Los vikingos sabían que el *Fossegrim (fossy-grym)* estaba cerca si oían su violín y el agua correr. ¡No sabían si era peligroso o no, pero lo evitaban por si acaso!

El Nokken

El *Nokken (nuh-ken)* era un cambia formas que vivía en los estanques. Podía adoptar cualquier forma. Podía aparecer como un joven apuesto y atraer a bellas mujeres a la muerte por ahogamiento. No podía estar mucho tiempo fuera del agua. Cuando lo estaba, aparecía como un caballo blanco e intentaba tentar a los niños para que lo montaran hacia su perdición. El Nokken también podía fingir ser un barco de madera. Si te metías en el agua para cogerlo, te arrastraba.

Los vikingos tenían muchos trucos para protegerse del Nokken. Una forma de detenerlo era pronunciar su nombre tres veces. Los vikingos llevaban amuletos especiales para mantener alejado al Nokken. Creían que si tiraban un trozo de metal al agua mientras atacaba, les salvaría. Así que la mayoría de los vikingos, ¡siempre llevaban algo de metal encima para estar seguros!

Nokken por Theodor Kittelsen, 1887-92
https://commons.wikimedia.org/w/index.php?curid=225207

28

La Pesta

La legendaria *Pesta (pes-ta)* surgió a causa de la *peste bubónica* (también conocida como Peste Negra). La peste se extendió por toda Europa en la Edad Media. Era mortal y mató a millones de personas en pocos años. La gente no sabía qué la causaba. Los vikingos creían que la culpable era Pesta. Pesta apareció como una anciana vestida de negro. Llevaba una escoba y un rastrillo. Si veías a Pesta, te contagiabas la peste y morías. Muchos valientes vikingos intentaban matar a Pesta si la veían. Querían salvar a sus familias.

DATO CURIOSO ¡Debido a esta leyenda, las mujeres vikingas vestían con colores vivos para que no las confundieran con Pesta!

Nisses

Los *nisses (nee-suhs)* eran un tipo de duendes. Todos los hogares vikingos tenían al menos un nisse viviendo en su granero. Los nisses protegían a los animales y el hogar a cambio de regalos. La gente les dejaba cosas como sombreros y ropa diminutos, zapatos con la punta hacia arriba y pequeños juguetes o comida. Podías intentar hacerte amigo de un nisse haciéndole regalos. Si le caías bien, podías vislumbrarlo.

Los nisses eran muy viejos. Tenían largas barbas blancas y sombreros rojos. Parecían enanos de jardín.

A los Nisses les encantaba gastar bromas a la gente. Pero en Navidad hacían algo muy bonito. ¡Entraban a hurtadillas en las casas y dejaban regalos para los niños en sus zapatos o calcetines!

Trolls

Según los vikingos, los trolls eran muy malos y muy estúpidos. Podían ser grandes o pequeños. Cada cordillera tenía trolls en su interior. Cada tribu de trolls tenía un rey. Los reyes troll eran los más grandes de todos. Tenían muchas cabezas pero un solo ojo. Los reyes troll eran muy sucios, ¡y les picaban las cabezas! El rey ordenó a los demás trolls que secuestraran a doncellas vikingas para que vinieran a rascarle la cabeza. Necesitaba una mujer por cabeza. La reina troll sólo tenía una cabeza, ¡pero podía quitársela y llevarla a todas partes!

No todos los trolls vivían en las montañas. Algunos vivían bajo los puentes, ¡pero no eran mucho más agradables!

Un dibujo de un trol convirtiéndose en montaña

Los islandeses están muy orgullosos de sus sagas. Todavía hoy las cuentan. Muchos islandeses afirman ser parientes lejanos de los héroes de las historias. Dado el escaso número de habitantes de Islandia en la actualidad (sólo 320.000 personas), ¡es posible que lo sean! Muchos libros, películas y programas de televisión modernos se han inspirado en las sagas.

En el próximo capítulo, aprenderás sobre los dioses y diosas vikingos. Te sorprenderá saber cuántos de ellos ya conoces y te encantan. (Pista: ¡Puede que conozca a uno de ellas como superhéroe que empuña un martillo!).

Actividad capítulo 5

Escriba una saga épica. Escriba una historia en la que usted (o quien quiera) ¡sea el héroe! Intente incluir una o varias de las criaturas que ha conocido en este capítulo. Como en cualquier saga real, ¡no olvide incluir detalles de la vida cotidiana y de los logros del héroe!

Capítulo 6: Religión: Dioses y diosas

Los vikingos creían en los dioses y diosas del nórdico antiguo. El nórdico antiguo era una religión *politeísta (po-lee-thee-i-stuhk)*. Esto significa que creían en más de un dios. El culto a los dioses nórdicos antiguos se denomina *asatro (a-suh-tro)*. Sin embargo, se trata de un término nuevo. Los vikingos no tenían un nombre para su religión. En su lugar, se referían a ella como "el viejo camino". Al cristianismo lo llamaban "el nuevo camino".

Los vikingos también adoraban a sus antepasados y a los gigantes. Aunque muchos vikingos se convirtieron al cristianismo, no todos renunciaron por completo a sus creencias. Muchos siguieron practicándolas en secreto.

DATO CURIOSO Hoy en día, aproximadamente entre quinientas y mil personas en Dinamarca siguen creyendo en los dioses nórdicos antiguos. Otros creyentes del asatro se encuentran en Suecia, Noruega, Islandia, Reino Unido y Estados Unidos.

Los vikingos tenían muchos dioses diferentes. Cada uno desempeñaba un papel diferente. Muchos de ellos son ahora famosos gracias a las populares películas de Marvel. ¿A cuántos conoce?

Odín

Odín (oh-din) era el rey de los dioses y el dios de la guerra. También era el dios de la sabiduría, la curación y la muerte. Odín era descrito como un hombre mayor con barba. Tenía un solo ojo y vestía capa y sombrero. Odín también aparecía a menudo montado en un caballo de ocho patas llamado *Sleipnir (slayp-neer)*. También le acompañaban dos lobos, *Geri (jerry)* y *Freki (frey-kee)*.

Odín tenía dos cuervos llamados *Huginn (hoo-gn)* y *Muninn (moo-nuhn)*. Volaban por todo el mundo y le informaban de lo que veían.

Odín era el más venerado de los dioses nórdicos. Provocaba batallas en la Tierra lanzando su lanza mágica, *Gungnir (ghun-neer)*.

Dibujo de Odín en su trono
https://commons.wikimedia.org/w/index.php?curid=5251205

Frigg

Frigg (frig) era la esposa de Odín. Frigg fue una esposa leal y devota a Odín, a pesar de que éste no siempre fue un buen marido para ella. Frigg también era la diosa del cielo, el matrimonio, la fertilidad, la familia y la sabiduría.

Thor

Thor era el hijo de Odín y el dios del trueno y el relámpago. El arma de Thor, *Mjölnir (me-yol-neer)*, era un poderoso martillo. Era capaz de matar gigantes y aplastar montañas. Cuando Thor lanzaba su martillo, creaba relámpagos. Las ruedas de su carro producían el sonido del trueno. Dos cabras gigantes tiraban del carro de Thor.

Thor era el dios más fuerte y el favorito del pueblo. Dada su popularidad en las películas de Marvel, ¡diríamos que sigue siéndolo!

DATO CURIOSO Los hombres vikingos llevaban colgados del cuello amuletos del martillo de Thor para tener buena suerte.

Una pintura de Thor luchando contra gigantes

Loki

Loki (low-kee) era un dios embaucador y travieso. Era capaz de adoptar diferentes formas. Ayudaba a los dioses y los entorpecía. Loki no era malvado, pero su naturaleza traviesa podía causar mucho daño.

Balder

Balder (baal-der) era hijo de Odín y Frigg. Era el dios de la luz y la pureza. Balder era el más apuesto de los dioses. Era bueno, amable y justo.

Aunque era inmortal, había una profecía que predecía su muerte. Para tratar de evitarlo, Frigg consultó a todas las entidades del cosmos. Les hizo jurar que no le harían daño. Pero Frigg no le preguntó al muérdago. Ella creía que era pequeño e inofensivo. Cuando Loki se enteró de esto, hizo una flecha de muérdago. La flecha fue disparada accidentalmente a Balder, matándolo.

Hel

Hel era la diosa de Helheim *(hell-haaim),* el inframundo vikingo. Hel era la hija de Loki. La entrada de Helheim estaba custodiada por su feroz mascota, *Garmr (gah-mur),* un lobo/perro gigante.

DATO CURIOSO **¡La mitad inferior de Hel era un esqueleto!**

Freya

Freya era la diosa del amor, la belleza, el oro, la guerra, el destino y la fertilidad. Llevaba un manto de plumas de halcón. También lloraba lágrimas de oro. Dos gatos tiraban del carro de Freya. También montaba a su jabalí, *Hildisvíni (hill-diss-vee-nee).*

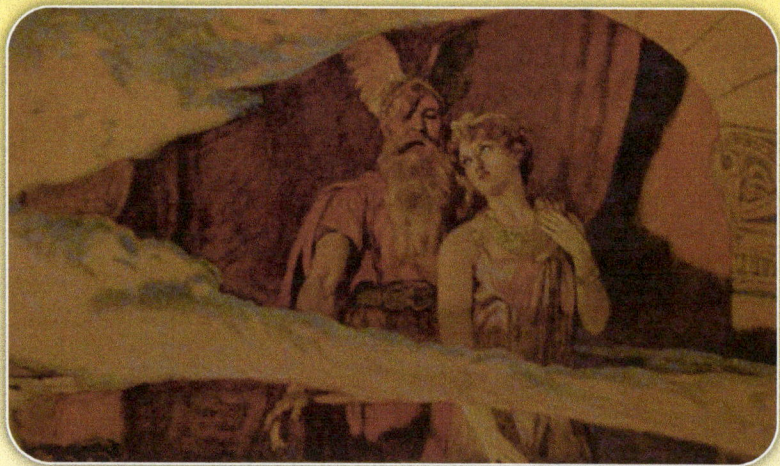

Una pintura de Freya y Odín

Frey

Frey era el hermano gemelo de Freya. Era el dios de la agricultura, la fertilidad, el sol y la lluvia. Los campesinos vikingos pintaban una imagen de Frey en sus carromatos con la esperanza de tener una buena cosecha.

El hogar de los dioses era *Asgard (as-guard)*. Asgard estaba dividido en diferentes reinos. Odín vivía en *Valhalla (val-ha-la)*, una gran sala de banquetes. Todas las noches había un banquete con comida y vino increíbles. Los soldados que morían en combate iban al Valhalla a celebrar un banquete con Odín o a *Fólkvangr (fulk-van-gar)*. Fólkvangr era una pradera celestial donde vivía Freya. Los que no morían valientemente en la batalla iban a Helheim.

DATO CURIOSO Había otros reinos a los que podían ir los muertos, incluido uno supervisado por una giganta en el fondo del océano. Allí iban los marineros ahogados. Los vikingos también creían que algunos espíritus podían convertirse en fantasmas.

La única forma de llegar al Valhalla o a Fólkvangr era una muerte honorable en batalla. Por eso los vikingos no temían la muerte en batalla. ¡Eso los convertía en un oponente aterrador! Una vez que los vikingos llegaban al Valhalla, pasaban los días luchando para prepararse para el *Ragnarök (día del juicio final)*. Ese día, lucharían con Odín para salvar el universo contra los gigantes y otros monstruos.

Dato Curioso Los guerreros que morían valientemente en la batalla se llamaban Einherjar (eyen-her-ya).

Cuando un vikingo moría en combate, era recibido por una *valquiria (val-kuh-ree)*, una mítica guerrera. Los vikingos creían que las valquirias decidían quién iba al Valhalla o Fólkvangr. Las valquirias protegían a los soldados en el campo de batalla.

Una pintura de los Einherjar siendo servidos por las valquirias en el Valhalla. Odín está sentado en su trono, flanqueado por uno de sus lobos

https://commons.wikimedia.org/w/index.php?curid=5417783

Actividad capítulo 6

¿Puede adivinar qué afirmaciones son verdaderas y cuáles falsas?

1. Thor era el rey de los dioses.

2. El caballo de Odín tenía ocho patas.

3. Loki era el dios de la luz.

4. La única debilidad de Balder era Loki.

5. Los dioses vivían en Asgard.

6. Helheim era el inframundo gobernado por la diosa Hel.

7. El Valhalla era el único lugar al que iban los guerreros valientes cuando morían.

8. Freya gobernaba Fólkvangr, mientras que Odín gobernaba Valhalla.

9. Dos gatos tiraban del carro de Thor.

10. Frey era el hermano gemelo de Freya.

Actividad extra: ¡Dibuje a los dioses y a sus compañeros animales!

¿Verdadero o falso?

1. Thor era el rey de los dioses. **Falso.** Su padre, Odín, lo era. Thor era el dios del trueno y el relámpago. Era el dios más fuerte.

2. El caballo de Odín tenía ocho patas. **Verdadero.** Se llamaba Sleipnir. ¿Puede recordar los otros animales que tenía Odín?

3. Loki era el dios de la luz. **Falso.** Loki era el dios de la travesura.

4. La única debilidad de Balder era Loki. **Falso.** Su única debilidad era el muérdago.

5. Los dioses vivían en Asgard. **Verdadero.**

6. Helheim era el inframundo gobernado por la diosa Hel. **Verdadero.** ¿Puede recordar el nombre de su perro guardián?

7. El Valhalla era el único lugar al que iban los guerreros valientes cuando morían. **Falso.** Los guerreros podían ir al Valhalla o a Fólkvangr.

8. Freya gobernaba Fólkvangr, mientras que Odín gobernaba Valhalla. **Verdadero.**

9. Dos gatos tiraban del carro de Thor. **Falso.** El carro de Freya era tirado por dos gatos. El carro de Thor era tirado por dos cabras.

10. Frey era el hermano gemelo de Freya. **Verdadero.**

Capítulo 7: Cuentos de la mitología nórdica

Ya hemos mencionado que a los vikingos les encantaba contar sagas épicas sobre dioses, héroes y gente corriente. ¿Está preparado para escuchar algunas de esas historias?

La creación del mundo

Antes de la creación del mundo, sólo existía un vacío frío y oscuro llamado *Ginnungagap (gi-nun-ga-gap)*. A ambos lados de Ginnungagap aparecieron dos reinos. Al norte estaba *Niflheim (nih-vl-haym)*, un lugar oscuro hecho sólo de hielo. Al sur se formó *Muspelheim (mus-pel-haym)*. Muspelheim era el reino del fuego y la lava.

Cuando el aire de los dos reinos se encontró, el fuego derritió el hielo. Así nació el primer gigante, *Ymir (ee-mer)*. Nacieron más gigantes, incluida una vaca gigante. La vaca lamió un bloque de hielo. El primer dios, *Buri (bu-ree)*, surgió del hielo. El hijo de Buri y su esposa tendrían tres hijos: Odín, *Ve (vee)* y *Vili (vi-ley)*.

Ymir seguía haciendo más gigantes. A Odín y a sus hermanos no les gustó que hubiera más gigantes que dioses. Así que decidieron matar a Ymir mientras dormía. Odín y sus hermanos crearon el mundo con los restos de Ymir. Su sangre se convirtió en los lagos, ríos y océanos. Su cuerpo se convirtió en la tierra. Los huesos de Ymir se convirtieron en montañas. Sus dientes se convirtieron en rocas. Su pelo se convirtió en hierba y árboles. Los hermanos lanzaron su cabeza al aire. Su cráneo se convirtió en el cielo y su cerebro en las nubes. Los dioses tomaron fuego de Muspelheim para hacer las estrellas.

El Sol y la Luna eran los hermosos hijos de un hombre arrogante. El Sol y la Luna fueron perseguidos por dos lobos hambrientos mientras cruzaban el cielo. El Ragnarök comenzaría poco después de que los lobos alcanzaran al Sol y la Luna.

Los primeros humanos fueron creados por Odín y sus hermanos. Los hombres se hicieron de un fresno. Las mujeres fueron formadas a partir de un olmo. Odín dio vida a los troncos. Vi los hizo moverse y les dio mentes inteligentes. Vili les dio forma, sentidos, sentimientos y habla. Se decidió que los humanos vivirían en la Tierra, que se conocía como *Midgard*.

Odin

El ojo de Odín

Seguro que se pregunta cómo un dios tan poderoso como Odín pudo perder un ojo. ¡Pues resulta que se lo hizo a sí mismo! Según la leyenda, Odín se arrancó el ojo a cambio de sabiduría divina. Para conseguirla, tuvo que beber de un pozo custodiado por el dios más sabio, *Mimir (me-me-uh)*. Cuando Odín bebió del pozo, supo todo lo que había pasado y lo que pasaría. Juró proteger a los humanos y no dejar que el mal triunfara en el mundo.

Thor y la boda

Una noche, mientras Thor dormía, un gigante se coló en su habitación y le robó el martillo. Thor estaba tan enfadado cuando se despertó que provocó una terrible tormenta. Se dio cuenta de que necesitaba un plan astuto para recuperar su martillo. Sabía que la mejor persona a quien preguntar era Loki.

Loki creía que los gigantes habían tomado a Mjölnir, ya que había matado a muchos de ellos. Loki tomó prestada la capa de plumas de Freya y voló para hablar con el rey de los gigantes, *Thrym (thrim)*. Thrym le dijo a Loki que Mjölnir estaba escondido bajo tierra. Dijo que le devolvería el martillo si Freya se casaba con él. Freya se negó.

Los dioses sugirieron que Thor se disfrazara de Freya para engañar al rey gigante. A Thor no le gustó la idea. Tenía miedo de parecer tonto. Loki prometió vestirse como su dama de honor, así que Thor aceptó.

Una vez que estuvieron listos, los dioses partieron disfrazados hacia el reino del gigante. Thrym celebró un gran banquete. ¡Le sorprendió el aspecto de su novia y lo mucho que comía! El astuto Loki convenció a Thrym de que eran nervios. Cuando Thrym colocó a Mjölnir en el regazo de su novia, Thor le arrancó el disfraz. Mató a Thrym y a todos los gigantes allí presentes.

El dios Thor está vestido como la diosa Freya.

Loki ríe en el fondo. Los dos gatos de Freya observan

https://commons.wikimedia.org/w/index.php?curid=4597828

¡Thor se va de pesca!

En otro cuento, Thor se va de pesca, ¡pero atrapa algo más que peces! Consigue atrapar a *Jörmungandr (your-moon-gahn-dr)*, una serpiente marina gigante que se enrosca alrededor de Midgard. Justo cuando Thor estaba a punto de matar a la serpiente con su martillo, su compañero de pesca cortó el sedal. La serpiente se alejó nadando.

DATO CURIOSO   Jörmungandr era uno de los hijos de Loki.

Sigurd y el dragón

Sigurd (sig-uhd) no era un dios. Era un príncipe. Sigurd tenía un tutor llamado *Regin (rey-gin)*, que lo entrenó para ser rey. Un día, Regin le dijo al príncipe que matara a un dragón y se llevara su tesoro. Regin le explicó que el dragón era el hermano del príncipe. El hermano, *Fafnir (faf-neeuh)*, mató a su padre por el oro. Pero el oro estaba maldito. Llevaría a la perdición a su dueño. Fafnir decidió convertirse en dragón para protegerlo.

Sigurd tuvo que tener cuidado al acercarse al dragón, ya que su aliento era venenoso. Sigurd decidió cavar un agujero y esconderse dentro. Cuando el dragón pasara por encima de él, podría apuñalarlo en el vientre y atravesarle el corazón. Este plan era muy peligroso. ¡El dragón podría pisotearlo o sentarse sobre él! Por suerte, el plan de Sigurd funcionó.

Un dibujo de Sigurd probando la sangre de dragón
https://commons.wikimedia.org/wiki/File:Ring45.jpg

Regin le dijo a Sigurd que asara el corazón del dragón al fuego. Sigurd se quemó accidentalmente un dedo. Se metió el dedo en la boca para enfriarse, pero había sangre de dragón en él. La sangre de dragón era mágica. De repente, Sigurd pudo oír a los pájaros hablar del malvado plan de Regin. Regin quería comerse el corazón del dragón porque le daría una gran sabiduría. Luego planeaba matar a Sigurd y llevarse el oro. Sigurd se quedó ciego de rabia. Le cortó la cabeza a Regin.

Fenrir y Tyr

Loki era el padre de Hel, la diosa de Helheim. También fue el padre de Jörmungandr, la serpiente marina. Y también fue padre de *Fenrir (fen-rer)*, un lobo gigante. Fenrir era una gran amenaza para los dioses. Se sabía que mataría a Odín durante el Ragnarök. Así que los dioses decidieron encadenar al lobo para que no pudiera escapar. Fenrir siguió creciendo. Seguía escapando de sus cadenas.

Un día, los dioses pidieron a los enanos que fabricaran un hilo mágico para atar a Fenrir. Entonces los dioses desafiaron a Fenrir a probar su fuerza contra él. Prometieron liberarlo si no podía escapar. Aunque el hilo parecía muy débil, Fenrir no se dejó engañar tan fácilmente. Dijo que sólo se lo pondría si uno de los dioses le metía la mano en la boca. El dios *Tyr (teer)* se ofreció valientemente. Estaba dispuesto a sacrificar su mano por la seguridad de todos los demás.

Cuando Fenrir se dio cuenta de que había sido engañado, mordió la mano de Tyr. Los dioses no dejaron ir a Fenrir. Finalmente quedó atrapado.

DATO CURIOSO el hombre lobo malvado de la serie Harry Potter, Fenrir Greyback, recibió su nombre de Fenrir.

Fenrir y Tyr

Ragnarök

El Ragnarök fue una serie de acontecimientos profetizados que condujeron al fin del mundo. Durante el Ragnarök, los dioses y los hombres lucharían contra monstruos y gigantes. Primero, habría tres inviernos terribles en los que los hombres se volverían unos contra otros. Luego seguirían otros tres inviernos sin veranos.

Los lobos que perseguían a la Luna y al Sol finalmente los alcanzarían y se los tragarían. Las montañas y los árboles caerían, liberando a los monstruos. Fenrir destruiría la tierra con fuego. La serpiente marina, Jörmungandr, se alzaría, envenenando los océanos y el cielo. Un barco fantasma que transportaba gigantes de escarcha aparecería del mar, y el cielo se abriría con gigantes de fuego. Los gigantes viajarían sobre el *Bifrost* (el puente arco iris que conecta Midgard con Asgard).

Odín llevaría las almas de los vikingos muertos a la batalla. Odín sería devorado entero por Fenrir. Thor sería envenenado por Jörmungandr, no sin antes asestar un golpe mortal a la serpiente con su martillo. Todos los monstruos, gigantes y hombres morirían. La mayoría de los dioses morirían también. Pero un nuevo mundo sin mal emergería. Los humanos también renacerían.

Dibujo de la batalla durante el Ragnarök
https://commons.wikimedia.org/w/index.php?curid=1393337)

¡Escriba su propia historia épica sobre los dioses, héroes y monstruos nórdicos! O haga un dibujo de una de las historias que ha leído en este capítulo.

Capítulo 8: Runas y rituales

Runas

Las runas eran un tipo de símbolo que componía el alfabeto nórdico. Fue la forma más antigua de la lengua germánica. Las runas se tallaban en madera o piedra. Son bastante sencillas y están formadas por líneas rectas. El juego completo de runas utilizado por los vikingos se llamaba *Elder Futhark (foo-thark)*. Tenía veinticuatro runas.

Cada runa tenía un significado. Las runas estaban divididas en tres grupos de ocho. El primero estaba gobernado por la diosa Freya. El segundo grupo estaba gobernado por el dios y la diosa *Heimdall (hiym-dal)* y *Mordgud (mord-good)*. Heimdall era el guardián del Bifrost. Mordgud era el guardián de Helheim. El último conjunto de runas estaba gobernado por otros dos dioses, *Tiwaz (tee-vas)* y *Zisa (zee-suh)*.

El *Younger Futhark* tenía diecinueve runas. Comenzó a utilizarse en torno al año 800 de la era cristiana, durante la época vikinga.

Los vikingos creían que las runas habían sido creadas por Odín. En realidad, fueron creadas por gente que vivía en lo que hoy es Alemania. Llevaron las runas a Dinamarca en el año 100 de nuestra era.

Se decía que las runas tenían poderes mágicos. Si se utilizaban incorrectamente, podían causar daño a alguien. Los vikingos tenían maestros runas que sabían escribirlas correctamente. ¡Los vikingos también utilizaban las runas para adivinar el futuro! Grababan runas en pequeñas piedras y las agitaban en una bolsa. Las piedras que caían decían el futuro.

Las runas no sólo se utilizaban por su magia. También eran prácticas. Al escribir una runa en algo, podías reclamar su propiedad. Es un poco como escribimos nuestros nombres en la ropa o en las mochilas. Las runas se utilizaban en lápidas y celebraciones. Los comerciantes las utilizaban para controlar las ventas.

Manuscrito de hacia 1300 que contiene uno de los textos más antiguos y mejor conservados de la ley escandinava. Está escrito íntegramente en runas

RITUALES

Bodas

Al igual que nosotros, los vikingos celebraban bodas. Pero las suyas eran un poco diferentes. Antes de la boda, el novio tenía que encontrar una espada que perteneciera a uno de sus antepasados. Podía hacerlo irrumpiendo en una tumba o preguntando a un pariente vivo. Llevaría la espada a la boda. También podía llevar un martillo en honor a Thor.

Tras honrar a los dioses, comenzaba la ceremonia. El novio le daba la espada a su novia. Un día, ella se la daría a su hijo. Ella le daba a su marido una espada nueva. Como hacemos hoy, intercambiaban anillos y votos.

Después, había una gran fiesta. El novio clavaba su nueva espada en una columna. Cuanto más profunda fuera, más suerte tendrían sus hijos.

Bebés

Un bebé no era considerado una persona hasta que no se realizaban ciertos rituales. En primer lugar, se les colocaba en el suelo hasta que su padre los recogía. De este modo, el padre aceptaba que el bebé era suyo. Después, el padre inspeccionaba al bebé para ver si tenía algún problema. Si tenía alguno, se le dejaba fuera para que muriera.

A los bebés sanos se les rociaba agua en una ceremonia. Después se le ponía el nombre. El bebé recibía regalos. Abandonarlos después de estos rituales se consideraba un asesinato.

Sacrificios

Los vikingos practicaban sacrificios a los dioses. Por lo general, se realizaban en forma de *sacrificios de sangre*. Estos sacrificios se realizaban cuatro veces al año. El jefe dirigía la ceremonia del sacrificio. Se sacrificaban animales en honor de los dioses y luego se comían en un festín. Los vikingos sacrificaban incluso a seres humanos. Los sacrificios humanos eran poco frecuentes.

Funerales

Los vikingos enterraban a sus muertos de varias maneras. Las dos principales eran el entierro y la cremación. Las cremaciones solían realizarse en una pira funeraria. Las cenizas se enterraban. Las personas más importantes (como un jefe) eran enterradas o incineradas en un barco. No era un método de enterramiento habitual, ya que resultaba muy caro. El jefe era enterrado con comida, bebida, joyas y armas. También podían sacrificarse esclavos.

Pintura de un funeral vikingo en el que se prende fuego a un barco en alta mar
https://commons.wikimedia.org/w/index.php?curid=78149883

Yule

¡Esta celebración invernal ayudó a dar forma a la Navidad actual! Yule celebra el solsticio de invierno. El solsticio tiene lugar dos veces al año, en invierno y en verano. El solsticio de invierno es cuando el sol está en su punto más alto, lejos de la Tierra. El solsticio de verano es cuando el sol está más cerca.

Al igual que en la Navidad actual, en Yule se bebía, se comía y se jugaba. Los vikingos fabricaban una gran rueda que representaba el sol. Le prendían fuego y la hacían rodar colina abajo para alentar el regreso del Sol. Decoraban troncos de Navidad y árboles de hoja perenne. Los niños vestían pieles de cabra en honor de las cabras de Thor.

Actividad capítulo 8

1. ¿Cuántas runas había en el Elder Futhark?

2. ¿Qué propiedades mágicas creían los vikingos que tenían las runas?

3. ¿Qué intercambiaban los novios en sus ceremonias de boda?

4. ¿Qué se celebraba en Yule?

5. ¿Por qué sólo las personas importantes eran enterradas o incineradas en un barco?

1. ¿Cuántas runas había en el Elder Futhark? **Veinticuatro.**

2. ¿Qué propiedades mágicas creían los vikingos que tenían las runas? **Podían predecir el futuro.**

3. ¿Qué intercambiaban los novios en sus ceremonias de boda? **Espadas y anillos.**

4. ¿Qué se celebraba en Yule? **El solsticio de invierno.**

5. ¿Por qué sólo las personas importantes eran enterradas o incineradas en un barco? **Porque era muy caro.**

Capítulo 9: ¿Qué pasó con los vikingos?

En general, se considera que el final de la Era Vikinga se produjo en 1066. Este fue el año en que el rey Harald Hardrada de Noruega fue asesinado en la *Batalla de Stamford Bridge*. La batalla es una forma fácil de marcar la Era Vikinga. Sin embargo, no todos los vikingos murieron en la batalla.

Imagen de la Batalla de Stamford Bridge
https://commons.wikimedia.org/wiki/File:Battle_of_Stamford_Bridge,_full.png

Como ya sabe, los vikingos no eran sólo asaltantes. Eran agricultores, comerciantes y pescadores. Al final de la Era Vikinga, los vikingos no desaparecieron ni murieron. Volvieron a su vida normal y dejaron de hacer incursiones. ¿Por qué dejaron de hacerlo?

Debido a los cambios que se produjeron en Europa, las incursiones dejaron de ser rentables. Al comienzo de la Era Vikinga, muchos vikingos eran granjeros terratenientes. Podían permitirse un barco y una tripulación. Pero al final de la Era Vikinga, la mayoría de las tierras y la riqueza pertenecían a unas pocas familias. El resto de la sociedad tenía que quedarse a trabajar para pagar el alquiler y alimentar a sus familias. No tenían tiempo ni dinero para hacer incursiones.

Las incursiones también se hicieron más difíciles. Los países estaban mejor preparados para hacer frente a las incursiones. Al final de la Era Vikinga, muchos países tenían soldados bien entrenados y armados. No temían a los vikingos. Tampoco caían en las tácticas habituales de los vikingos. Los vikingos no estaban organizados. Estos nuevos ejércitos les resultaban mucho más difíciles de derrotar.

Los monasterios construían torres fácilmente defendibles. Los monjes se trasladaban a la primera señal de problemas, llevándose consigo sus objetos de valor. Algunos monasterios optaron por trasladarse más al interior.

La Cruz de Middleton, una cruz cristiana que muestra a un vikingo con armadura

Otra razón por la que los vikingos dejaron de hacer incursiones fue su conversión al cristianismo. Cuando los vikingos comenzaron a asentarse en países cristianos, empezaron a adoptar la religión. Al principio, los vikingos adoraban a los dioses nórdicos antiguos junto al Dios cristiano. Con el tiempo, se hicieron plenamente cristianos. Los vikingos también adoptaron otros aspectos de los países europeos, como la escritura, las leyes y la cultura.

Los vikingos no desaparecieron ni se extinguieron. En cambio, dejaron de hacer incursiones. Comenzaron a cambiar sus creencias y costumbres. La gente ya no se refería a ellos como un grupo colectivo de vikingos. En su lugar, comenzaron a referirse a ellos como de sus países individuales.

¿Puede completar los espacios en blanco?

La Era Vikinga terminó por muchas razones. El final de la Era Vikinga tuvo lugar en
_____ con la muerte del rey Harald de _____. Sin embargo, muchos factores
contribuyeron a su fin. En primer lugar, los vikingos dejaron de _____. No tenían
tiempo ni dinero para hacerlo. Además, las incursiones se hicieron más difíciles. Los
monasterios construyeron _____ para defenderse. Los _____ también
estaban mejor preparados, armados y entrenados. Por último, los vikingos se
convirtieron al _____ y adoptaron las costumbres europeas, incluyendo
_____, las leyes y la cultura.

La Era Vikinga terminó por muchas razones. El final de la Era Vikinga tuvo lugar en 1066 con la muerte del rey Harald de **Noruega**. Sin embargo, muchos factores contribuyeron a su fin. En primer lugar, los vikingos dejaron de **realizar incursiones**. No tenían tiempo ni dinero para hacerlo. Además, las incursiones se hicieron más difíciles. Los monasterios construyeron **torres** para defenderse. Los **ejércitos** también estaban mejor preparados, armados y entrenados. Por último, los vikingos se convirtieron al **cristianismo** y adoptaron las costumbres europeas, incluyendo **la escritura**, las leyes y la cultura.

1. Los vikingos no llevaban cascos con cuernos.

La mayoría de los disfraces vikingos de Halloween o las representaciones de vikingos en el cine y la televisión muestran a los vikingos con un casco con dos cuernos. Sin embargo, no hay pruebas de que los llevaran. Hasta el siglo XIX no se les pintó llevándolos. De hecho, ¡es posible que los vikingos ni siquiera llevaran casco! Sólo se ha encontrado un casco vikingo completo. Es probable que los vikingos lucharan sin casco o usaran un cubrecabezas de cuero.

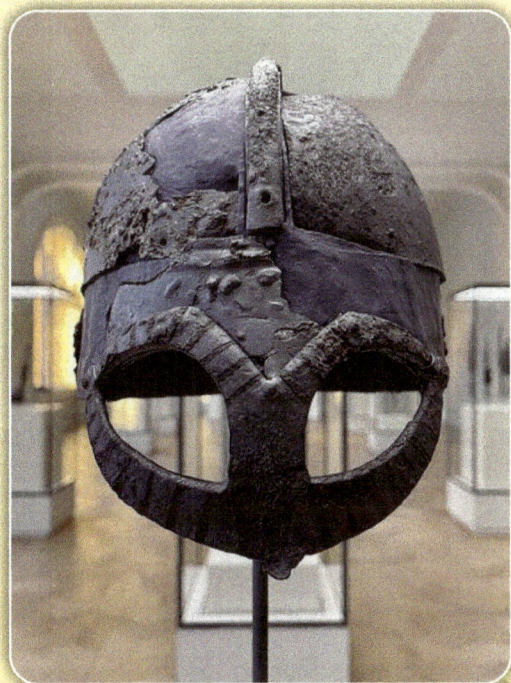

Casco de Gjermundbu hallado en Noruega. Perteneció a un guerrero ecuestre, quizá un cacique muy rico y poderoso. El casco se fabricó entre 950 y 1000. Fue destruido, posiblemente de forma ritual, antes o durante el funeral

2. Los caballeros vikingos preferían ser rubios.

Los hombres vikingos que no eran rubios por naturaleza utilizaban un jabón con mucha lejía para aclararse el pelo. ¡El jabón también servía para tratar los piojos!

3. En inglés, todos los días de la semana (excepto el sábado) llevan el nombre de dioses vikingos.

El domingo es para el dios del sol, *Sol*. El lunes es para la diosa de la luna, *Mani*. El martes es el día de Tyr. El miércoles es para Odín. Comenzó siendo el día de Wodin (Odín a veces se llama Wodin). El jueves es el día de Thor. El viernes es el día de Frigg. El sábado procede del dios romano *Saturno*.

Podemos agradecer a los vikingos algo más que los días de la semana. ¡Al menos 139 palabras de la lengua inglesa proceden del nórdico antiguo!

4. Los vikingos eran feministas.

Vale, no eran feministas en el sentido que conocemos hoy. Pero las mujeres vikingas tenían más derechos que muchas otras mujeres de la Europa de la época. Las mujeres vikingas podían tener propiedades, divorciarse e incluso recuperar su *dote*. (La dote era el dinero que la familia de la novia pagaba al novio.) Las mujeres vikingas también ocupaban cargos importantes. Podían ser sacerdotisas, oráculos o poetas. Incluso luchaban en la batalla como escuderas.

Postal nacionalista noruega que muestra una escudera dibujada por Andreas Bloch

5. La palabra "berserk" procede de los vikingos.

Algunos vikingos creían que se convertirían en lobos u osos cuando lucharan. Iban a la batalla vistiendo únicamente pieles de animales. No portaban armas. En cambio, usaron sus manos y dientes desnudos para luchar. Antes de la pelea, vivían en la naturaleza como su animal elegido.

Los hombres oso eran Berserkers (camisas de oso). Literalmente se volvían locos (fuera de control por la ira o la emoción) mientras peleaban.

6. Los vikingos se teñían los dientes de rojo.

Los arqueólogos han descubierto restos de vikingos con líneas horizontales talladas en la fila superior frontal de dientes. Se cree que estos surcos estaban llenos de tinte rojo. Esto probablemente aterrorizaba a sus oponentes en la batalla, ya que parecía sangre. Seguro que suena aterrador; ¡especialmente si ellos también eran berserkers!

7. ¡A los vikingos les encantaba esquiar!

Los esquís se inventaron hace aproximadamente seis mil años en Escandinavia. Es posible que los esquís se hubieran inventado incluso antes, en Rusia o China. Durante la época vikinga, los esquís se consideraban una forma cómoda de moverse en la nieve. Los vikingos esquiaban por diversión. ¡A los vikingos les encantaba tanto esquiar que incluso tenían un dios para ello!

8. Los vikingos se saltaban el almuerzo.

Hoy en día, es común realizar tres comidas al día con refrigerios entre ellas. Pero los vikingos sólo comían dos veces. El desayuno (*dagmal*) se servía una o dos horas después de despertarse. El desayuno normalmente consistía en restos de la noche anterior o gachas de avena. *Nattmal* era servido al final del día después del trabajo.

A los vikingos les gustaba el pescado, pero también comían estofado, carne, pan y fruta. Lavaban la comida con una jarra de hidromiel (una bebida alcohólica hecha con miel). Si bien sus comidas suenan bastante sabrosas, ¡no estoy seguro de poder prescindir de mi almuerzo! ¿Usted podría?

9. ¡Los vikingos eran un éxito entre las damas!

¡Los anglosajones estaban celosos de los bien cuidados vikingos porque eran más atractivos para las mujeres! Un estudioso dijo que "se hicieron demasiado aceptables para las mujeres inglesas por sus modales elegantes y el cuidado de su persona. Se peinaban todos los días, se bañaban todos los sábados y hasta se cambiaban de ropa con frecuencia".

10. ¡Los vikingos creían en los zombis!

Los vikingos creían en dos tipos diferentes de zombis. Si no se tomaban las precauciones adecuadas antes del entierro, una persona podría convertirse en *draugr (druy-ghur)* o *haugbui (haug-bee)*. Los Haugbui eran razonablemente inofensivos. Se quedaban enterrados. Pero los draugr saldrían de sus tumbas para dañar a los vivos.

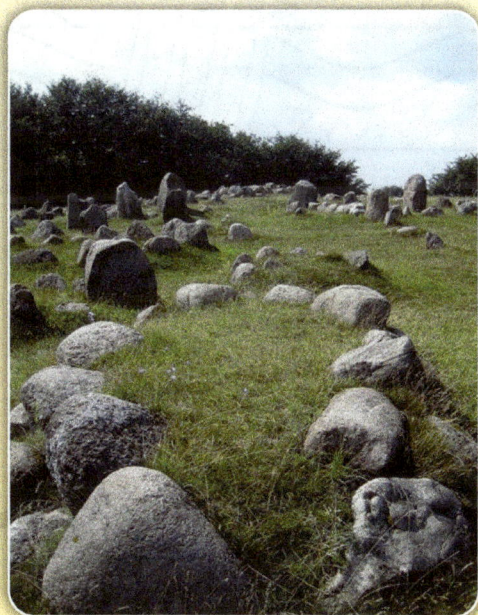

Un cementerio vikingo en Lindholm Høje, Dinamarca
https://commons.wikimedia.org/w/index.php?curid=2930078

Actividad capítulo 10

¡Aquí tiene algunas imágenes divertidas de vikingos para colorear!

https://pixabay.com/vectors/vikings-ship-sailing-ship-boat-293960/

Si desea obtener más información sobre toneladas de otros períodos históricos emocionantes, ¡consulte nuestros otros libros!

ANGLOSAJONES
PARA NIÑOS

UNA GUÍA FASCINANTE SOBRE LOS PUEBLOS DE LA INGLATERRA ALTOMEDIEVAL Y SUS BATALLAS CONTRA LOS VIKINGOS

CAPTIVATING HISTORY

Bibliografía

Si ha disfrutado este libro y desea aprender más sobre los vikingos, ¡aquí tiene algunas sugerencias de libros divertidos y educativos, videos de YouTube y sitios web!

Libros

Puede encontrar una lista de excelentes libros aquí:
https://www.theschoolrun.com/best-childrens-books-about-vikings

Alexander, Heather. *Introducción para niños a la mitología nórdica: Odín, Thor, Loki y otros dioses, diosas, gigantes y monstruos vikingos (Serie de introducción para niños).* 2018.

Deary, Terry. *Los vikingos viciosos.* 1998.

Higgins, Nadia. *National Geographic Kids Everything Vikings: todos los hechos increíbles y la diversión feroz que puedes saquear.* 2015.

Morpurgo, Michael. *Beowulf.* 2015. (Aunque técnicamente es una adaptación de una saga anglosajona, involucra a un guerrero escandinavo).

Youtube

Un increíble viaje vikingo: hecho enteramente de papel, National Geographic. https://www.youtube.com/watch?v=eGLu2Frqwis

Learning Made Fun.
https://www.youtube.com/c/MrBradleyLearningMadeFun

TED-Ed. https://www.youtube.com/teded

Horrible Histories. https://www.youtube.com/c/HorribleHistoriesOfficial

Sitios web

https://vikings.mrdonn.org/stories.html

https://www.bbc.co.uk/programmes/articles/20stJyBvh9mv7kpSVgDfKPw/viking-sagas-age-7-11

https://kids.nationalgeographic.com/

https://www.storynory.com/

Milton Keynes UK
Ingram Content Group UK Ltd.
UKHW050927090724
444975UK00002BA/7